www.pestalozzi-verlag.de

Die französische Originalausgabe erschien 2004 unter dem Titel
»Les grandes premières de l'histoire – Le trésor de Toutankhamon« bei Casterman, Brüssel

Aus dem Französischen von Christine Gallus
Illustrationen im Anhang: Emmanuelle Etienne
Gestaltung: Petit Scarabée
Einbandgestaltung: Peter Gross
Gesamtherstellung: Verlags- und Medien AG, Köln
Printed in Italy

ISBN-10 3-614-31019-1
ISBN-13 978-3-614-31019-2

5 4 3 2 1 10 09 08 07 06

Abenteurer & Entdecker

HOWARD CARTER DER SCHATZ DES TUTENCHAMUN

Florence Maruéjol
Mit Illustrationen von Emmanuel Cerisier
Aus dem Französischen von Christine Gallus

PESTALOZZI

Howard Carter
Britischer Archäologe
Ägyptischer Arbeiter
Ägyptischer Arbeiter

Arthur Callender
Zweiter Archäologe
Lady Evelyn Herbert
Lord Carnarvons Tochter
Lord Carnarvon
Wohlhabender Brite. Er finanziert die Ausgrabungen.

KAPITEL 1

EIN TAL VOLLER GEHEIMNISSE

Zwölf Jahre! Seit zwölf Jahren durchkämmt Theodore Davis das Tal der Könige auf der Suche nach den Schätzen der berühmten ägyptischen Pharaonen. Davis will die Kostbarkeiten der Könige unbedingt finden. Nicht etwa, weil er sich für die Geschichte des Alten Ägyptens interessiert, sondern aus purer Sammelleidenschaft. Der amerikanische Millionär sammelt nämlich alles, was selten und wertvoll ist. Bereits dreißig Grabstätten hat er in dem einsamen Wüstental am Ufer des Nils entdeckt. Manchmal waren es allerdings kaum mehr als einfache Gräber mit bescheidenem Inhalt. So wie diese Cachette* unter der Erde. Darin lagen nur ein Haufen alter Lumpen, einfache Töpferwaren, vertrocknete Girlanden, Tierknochen und sogar ein alter Besen. Was sich die Pharaonen dabei nur gedacht haben …?

Doch der Hobby-Archäologe hat auch Glück. Mehr als einmal wird er für seine Kosten und Mühen reichlich belohnt. Zum Beispiel als er die Skulptur von Juja und Tuja, den Eltern der Königin Teje, findet.

Die beiden Mumien wurden von den Grabräubern übersehen und lagen unberührt in ihrem Sarkophag* inmitten von prachtvollen Möbelstücken. Der kostbare Fund lässt so manchen Archäologen vor Neid erblassen. Außerdem findet Davis einen hübschen blauen Becher mit der Aufschrift eines gewissen Tutenchamun. An einer anderen Stelle entdeckt er einen kleinen unterirdischen Raum, dessen Wände mit Blattgoldresten verziert sind und ebenfalls den Namen des Königs Tutenchamun tragen. Da sich Davis in der Geschichte des Alten Ägyptens nicht allzu gut auskennt, kann das seiner Meinung nach nur eines bedeuten: Es handelt sich um das Grab von Tutenchamun. Und das war's.
Es ist das Jahr 1914. In letzter Zeit stößt Davis nur noch selten auf neue Funde. Er hat keine Lust mehr weiterzusuchen. »Im Tal der Könige wurde alles gefunden«, erklärt er entschieden.

Er gibt die Genehmigung, die ihm die ägyptische Altertümer-Verwaltung für die Ausgrabungen gewährt hat, wieder zurück. So eine Grabungserlaubnis kostet zu dieser Zeit viel Geld und nur reiche Leute können sie sich leisten.

»Endlich!«, ruft der britische Archäologe Howard Carter begeistert und dreht sich um zu seinem Landsmann, dem wohlhabenden Lord Carnarvon. »Auf diesen Moment haben wir schon so lange gewartet! Von wegen, im Tal der Könige wurde alles gefunden. Und was ist mit der Grabstätte des Tutenchamun? Dieser Davis hat wirklich keinen blassen Schimmer von Archäologie.«

»Schon gut, Carter. Sie haben mich längst überzeugt. Ich bin ganz Ihrer Meinung. Ich werde die Grabungserlaubnis, die Davis zurückgegeben hat, beantragen und die Ausgrabungen finanzieren. Versuchen wir unser Glück!«, erwidert er und reibt sich die Hände. Durch den Ausbruch des Ersten Weltkriegs verzögert sich der

Beginn der Ausgrabungen. 1917 ist es dann endlich so weit. Carter untersucht zunächst ein Gebiet in der Nähe der Grabstätte des Pharaos Ramses VI. Mit der Hilfe zahlreicher ägyptischer Arbeiter räumt er den Schutt früherer Ausgrabungen beiseite.
Unter den Steinen stößt er auf die Hütten ägyptischer Arbeiter, die beim Bau der Grabstätte von Ramses VI. geholfen haben. Die Ausgrabungssaison geht zu Ende. Ohne weitere Funde. Carter versucht an vier weiteren Stellen im Tal der Könige sein Glück, doch es ist immer das Gleiche: Nichts.

»Wir haben jetzt schon fünf Ausgrabungen durchgeführt - ohne jeden Erfolg«, sagt Lord Carnarvon enttäuscht. »Es tut mir sehr Leid, aber ich kann die Arbeiten nicht mehr länger finanzieren.«

---

* *Cachette:* Grab mit mehreren Mumien und Beigaben

* *Sarkophag:* Steinsarg

KAPITEL 2

PLÖTZLICH EINE STUFE ...

Aber wir können jetzt nicht aufgeben!«, ruft Carter aufgebracht. »Nicht jetzt, wo wir die Stoffreste und Töpferwaren, die Davis gefunden hat, endlich ausgewertet haben. Wir haben bewiesen, dass es sich um die Überreste des mumifizierten* Tutenchamun und des berühmten Festessens nach seinem Begräbnis handelt. Das bedeutet, dass der König auf jeden Fall in diesem Tal begraben wurde.«

»Hören Sie, Carter«, erwidert Lord Carnarvon. »Seit dem Ende des Krieges ist das Leben in Großbritannien immer teuerer geworden. Mein Anwesen zu unterhalten, kostet ein Vermögen. Wenn ich wenigstens sicher wüsste, dass wir Erfolg haben werden ... Aber bei fünf Ausgrabungen haben wir kaum mehr als ein paar Vasen gefunden! Lappalien! So sehen Sie es doch ein, es gibt keine Hoffnung mehr.«

»Ich mache Ihnen einen Vorschlag, Lord Carnarvon«, erwidert Carter und versucht, ruhig zu bleiben. »Da Ihnen die Konzession gehört, bitte ich Sie, mir noch eine letzte Ausgrabung zu gewähren.

Ich werde die Kosten auch selbst tragen.«
»Na schön. Noch eine Grabung, aber nicht mehr, Carter! Das ist Ihre letzte Chance«, lenkt Lord Carnarvon schließlich ein.

Am 28. Oktober 1922 ist Carter wieder im Tal der Könige. Er verliert keine Zeit, denn er weiß, dass jede Sekunde zählt. Er heuert Arbeiter an und packt das Werkzeug aus. Am ersten November ist er bereit. Die Ausgrabung soll noch einmal in dem Sektor stattfinden, in dem sie bei der ersten Grabung gesucht hatten. In der Nähe des Grabes von Ramses VI. Doch dieses Mal lässt er die Überreste der Arbeiterhütten beiseite räumen, nachdem er sie sorgfältig fotografiert hat. Dann wird die Erde, auf dem die Hütten standen, so lange abgetragen, bis er den felsigen Untergrund erreicht.
Am nächsten Morgen liegt feierliche Stille über der Ausgrabungsstätte. Dort wo die erste Hütte gestanden hatte, haben die Arbeiter einen Absatz im Felsboden freigelegt. Beim Weitergraben entdecken sie, dass es sich um die oberste Stufe einer Treppe handelt. Jetzt gibt es keinen Zweifel mehr. Carter hat den Eingang zu einer Grabstätte entdeckt. Ihm gehen unzählige Fragen durch den Kopf. Wurde die Grabstätte vollendet? Wenn ja, befindet sich eine Mumie darin? Oder wurde das Grab nicht längst geplündert?

»Die Stufen erinnern zweifellos an die Grabstätten der 18. Dynastie, also Tutenchamuns Familie«, murmelt Carter nachdenklich. »Aber warten wir erst mal ab.« Er versucht, sich nicht zu früh zu freuen. Schon bald erscheint am Ende der Treppe, die im Felsgestein verschwindet, die Oberkante einer Tür. Carter erkennt Inschriften.

Sein Herz hüpft vor Freude. Wird der Archäologe in dem ovalen Abdruck des Siegels* den Namen des Königs lesen, den er seit Jahren sucht? Aber leider kann er nur den Stempel der antiken Talwächter erkennen: das Bild des Hundes Anubis, dem Gott der Mumien. Warum zum Kuckuck gibt es kein Königssiegel über der steinernen Tür?, fragt sich Carter. Handelt es sich vielleicht nur um das Grab eines hohen Beamten? Oder ist es doch das Grab des Tutenchamun? Bevor er sich endlich Gewissheit verschaffen kann, muss er sich noch etwas gedulden. Er lässt die Steinstufen noch einmal mit Erde zudecken, um den Fund zu verbergen, und schickt Lord Carnarvon ein

Telegramm nach Großbritannien: »Habe endlich wunderbare Entdeckung im Tal gemacht; ein großes Grab mit unbeschädigtem Siegel; habe bis zu Ihrer Ankunft alles wieder zugedeckt. Glückwunsch.«

---

* *Mumifizierung:* Nach dem Tod wird der Körper einbalsamiert. Dadurch wird verhindert, dass die Leiche verwest

* *Siegel:* Offizielles Zeichen auf einem Stempel, das in Gips oder feuchtem Ton eingeprägt wird

KAPITEL 3

KÖNNEN SIE ETWAS ERKENNEN?

Während Carter auf Lord Carnarvon und dessen Tochter Lady Evelyn Herbert wartet, holt er Verstärkung. Er bittet den Architekten und Ingenieur Arthur R. Callender, der in der Umgebung von Luxor bei Ausgrabungen arbeitet, um Unterstützung. Callender organisiert die weiteren Ausgrabungen und kümmert sich um die elektrische Beleuchtung der Grabstätte. Carters Gedanken kreisen immer wieder um die Fundstätte. Eins steht für ihn fest: Das Grab war von den großen Raubzügen im Tal der Könige am Ende der 20. Dynastie verschont geblieben. Denn damals war die Grabstätte bereits zwanzig Jahre unter den Arbeiterhütten des Grabes von Ramses VI. verborgen gewesen. Aber was, wenn Räuber das Grab schon vorher entdeckt hatten? Bald weiß er mehr ...

Als Lord Carnarvon am 23. November ankommt, beginnt Callender, die Steintreppe wieder freizulegen. Am nächsten Morgen werden die Grabungsarbeiten vor den Augen der kleinen Mannschaft fortgesetzt. Die Tür wird völlig freigelegt.

»Schauen Sie nur, Lord Carnarvon. Auf der Tür ist Tutenchamuns Siegel!«, ruft Carter außer sich vor Freude. Doch dann erstirbt sein Lächeln wieder, als er entdeckt, dass der Eingang bereits gewaltsam geöffnet wurde.

»Verflixt! Sieht ganz so aus, als wären Räuber eingedrungen«, murmelt Carter enttäuscht. »Jetzt will ich es endlich wissen. Schlagen Sie die Tür ein!«, befiehlt er den Arbeitern.

Die Arbeiter gehorchen und zerstören die Steinblöcke mit der Gipsschicht, auf der die Siegel eingeprägt sind. Hinter der Tür erscheint ein langer Gang, der in die Tiefe führt. Er ist voller Erde, durch die sich anscheinend jemand einen Weg gebahnt hat.

»Glauben Sie, dass dieser Durchgang von Grabräubern gegraben wurde?«, will Callender wissen.

»Ich fürchte, ja. Ich frage mich vor allem, welchen Schaden sie im Grab angerichtet haben«, erwidert Carter mit gerunzelter Stirn.

Fieberhaft räumt die Truppe den Gang frei und gelangt schließlich zu einer zweiten Tür. Dort befinden sich die gleichen Siegel wie am Grabeingang. Carter schlägt eine kleine Öffnung in die linke obere Ecke der Tür. Vorsichtig streckt er eine brennende Kerze hindurch. Seine Hände zittern. Als er sicher ist, dass kein giftiges Gas aus der Grabkammer strömt, schaut er durch das Loch. Hinter ihm platzen Lord Carnarvon, Lady

Evelyn und Callender beinahe vor Neugier. Schließlich hält es Lord Carnarvon nicht mehr länger aus.
»Können Sie etwas erkennen?«, ruft er aufgeregt.
»Ja«, antwortete Carter. »Das Grab ist voller Schätze!«
Er vergrößert die Öffnung, damit sie beide hindurchsehen können. Im schwachen Schein der Kerze zeichnet sich der Inhalt der ersten

Grabkammer ab: goldene Grabbetten, Wächterstatuen, prächtige Truhen, Vasen, Wagen, und überall schimmert Gold. Die beiden Männer sind sprachlos. Sie haben es geschafft! Sie haben als Erste ein ägyptisches Königsgrab entdeckt, das noch alle Schätze enthält. Und was für Schätze! Die unglaubliche Entdeckung übertrifft Carters und Lord Carnarvons kühnste Träume. Sie sind außer sich vor Freude und können es kaum noch erwarten, diese wunderschönen Gegenstände mit den Händen zu berühren, die Truhen zu öffnen und die Grabstätte nach der Mumie abzusuchen.
Doch Carter, Lord Carnarvon, Lady Evelyn und Callender müssen ihre Neugier noch etwas zügeln. Sie machen die Öffnung wieder zu,

verschließen den Grabeingang mit einem schweren Eisengitter und kehren zu ihrer Unterkunft zurück. In dieser Nacht des 26. November 1922 machen die Entdecker vor Aufregung fast kein Auge zu. Zumindest ist das die offizielle Version. Denn in Wirklichkeit ...

KAPITEL 4

EINE VERRÜCKTE NACHT

Offiziell dürfen die Archäologen die Grabstätte nicht ohne die Anwesenheit eines Inspektors der ägyptischen Altertümer-Verwaltung betreten. Wenn sie sich nicht an die Bestimmungen halten, entzieht man ihnen die Erlaubnis für die Ausgrabungen. Und wer würde schon das Risiko eingehen, dass man ihnen ihre spektakuläre Entdeckung im letzten Moment vor der Nase wegschnappt? Na wer schon? Carter, Lord Carnarvon, Lady Evelyn und Callender. Sie halten es einfach nicht mehr länger aus und wollen sich die Schätze der Grabstätte endlich genau ansehen. Die vier haben nicht in ihren Betten gelegen, wie sie später immer behauptet haben. In Wirklichkeit sind sie in der Nacht vom 26. auf den 27. November ins Tal der Könige zurückgekehrt. Die Versuchung war einfach zu groß.

Nachdem sie die Steine vor der zweiten Tür weggeräumt haben, schlüpfen die vier Entdecker in den ersten Raum, die so genannte Vorkammer*.

»Kaum zu glauben. Es riecht immer noch nach Salbe und Duftöl!«, ruft einer von ihnen. Plötzlich scheint die Vergangenheit zum

Greifen nah. Als sie sich in dem Raum umsehen, entdecken sie eine Tür, die in einen zweiten Raum führt, den Annex.

»Was für eine Unordnung! Man könnte meinen, die Ägypter haben

einfach alles durcheinander geworfen«, bemerkt Lady Evelyn erstaunt.
»Das waren bestimmt Grabräuber«, erwidert Carter. »Auf der Suche nach Gold und Schmuck in den Truhen haben sie die Stühle, Betten, Boote, Weinkrüge, Vasen und Vorratskörbe einfach umgeworfen. Auf jeden Fall kann ich nirgends eine Mumie entdecken«, stellt er fest.
Als sie wieder in der Vorkammer sind, nehmen die Archäologen die Tür mit dem Siegel, die von zwei Wächterstatuen eingerahmt ist, genauer in Augenschein. Sie räumen einige Steine beiseite und machen so eine kleine Öffnung, durch die Carnarvon, Carter und Lady Evelyn schlüpfen.
»Gütiger Himmel! Ich bin zu dick!«, stöhnt Callender. Er passt nicht durch den schmalen Eingang. »Sparen wir uns die Mühe, die Öffnung zu vergrößern, sonst erwischen sie uns noch. Gehen Sie schon und erzählen sie mir alles!«
Die drei betreten einen dritten Raum, dessen Wände einzig und allein mit Malereien verziert sind. Der Raum wird fast vollständig von einem riesigen vergoldeten Holzschrein ausgefüllt.
»Sehen Sie nur, die Schnüre und Siegel an der Flügeltür des Schreins sind unbeschädigt!«, ruft Carter und beginnt, sie hastig zu lösen.
Er entdeckt einen zweiten Schrein. Er braucht ihn nicht zu öffnen.

Jetzt ist sich Carter ganz sicher. Hier ist es! Hier muss sich die Mumie befinden!

»Hier ist sie!«, jubelt er. »Und die Diebe haben sie nicht gefunden!«

»Was wir hier wohl noch entdecken werden?«, wundert sich Lord Carnarvon, als er sich einem vierten Raum gegenüber der beiden Schreine nähert.

Der Eingang wird von einer Respekt einflößenden Anubis-Statue bewacht. Dahinter erhebt sich ein prachtvoller Goldschrein, in dem

die Kanopen* aufbewahrt werden. Sie enthalten die inneren Organe des Verstorbenen, die bei der Mumifizierung entfernt werden. Nachdem sie sich überall umgesehen haben, beschließen die heimlichen Besucher, schnell wieder in ihre Betten zurückzukehren. Und noch ein bisschen von ihrer Entdeckung zu träumen ...

---

* *Vorkammer:* Raum am Grabeingang

* *Kanopen:* Urnen, in denen die inneren Organe aufbewahrt wurden. Bei der Mumifizierung entfernten die Ägypter das Gehirn, die Leber, den Magen, die Eingeweide und die Lungen aus dem Körper und behandelten sie separat

KAPITEL 5

EIN BEGEHRTER SCHATZ

Die Nachricht von dem außergewöhnlichen Fund verbreitet sich wie ein Lauffeuer. Tutenchamun prangt auf sämtlichen Titelblättern der Zeitungen. Der junge Pharao, der schon mit achtzehn Jahren starb, ohne zu Lebzeiten zu Ruhm gelangt zu sein, wird plötzlich über Nacht weltberühmt.

Carter und Lord Carnarvon können die Arbeit nicht mehr alleine bewältigen und bekommen Verstärkung. Sie erhalten Unterstützung von Experten eines New Yorker Museums und von der ägyptischen Altertümer-Verwaltung sowie von englischen und amerikanischen Ägyptologen. Sie alle sind damit beschäftigt, die unzähligen Gegenstände aufzulisten, zu identifizieren und zu restaurieren, ehe sie in das Ägyptische Museum in Kairo gebracht werden. Alles

scheint bestens zu laufen. Doch leider machen Lord Carnarvon und Carter einen Fehler nach dem anderen. Weil sie sich benehmen, als gehöre der Schatz ihnen höchstpersönlich, bringen sie alle gegen sich auf: die internationale Presse, die Altertümer-Verwaltung und sogar die ägyptische Verwaltung, die damals unter britischem Mandat stand. Als Lord Carnarvon 1923 an einer Infektion durch einen Mückenstich stirbt, wird alles noch schlimmer. Die sensationslüsterne Presse wittert eine Story. Sie behauptet, auf der Grabstätte von Tutenchamun liege ein Fluch. Trotz aller Schwierigkeiten werden die Arbeiten fortgesetzt. Carter räumt die gesamte Vorkammer leer. Doch mit der Ruhe ist es nun vorbei.

»Haben Sie schon etwas gesehen?«, fragt ein Neuankömmling einen

der zahlreichen Schaulustigen, die sich jeden Tag um die Grabstätte drängen.

»Nein, ich warte schon seit Stunden darauf, dass endlich ein Gegenstand herausgetragen wird. Aber bisher hat sich noch nichts getan. Aber warten Sie, jetzt!«

»Eine Statue!«, rufen die Menschen aufgeregt.

Am Ende des Jahres 1923 beginnt die zweite Grabungssaison. Als Nächstes soll die Kammer leer geräumt werden, in der sich der Sarkophag befindet. Carter baut zuerst die vier Schreine ab. Dann ist es endlich so weit. Der Sarkophag wird geöffnet.

Am 12. Februar 1924 wird der schwere Steindeckel mit einer Hebevorrichtung langsam hochgehoben. Was mag sich wohl darunter

verbergen? Carter hält gespannt den Atem an. Und wenn er nun leer ist? Auch das ist schon vorgekommen. Ein leerer Sarkophag, obwohl die Grabstätte unversehrt ist. Ein Alptraum für jeden Archäologen.
Doch Carters Sorgen nicht berechtigt. Unter dem Deckel kommt ein prächtiger vergoldeter Holzsarg zum Vorschein. Er hat die Form einer Mumie, deren Arme über der Brust verschränkt sind.
»Ist er nicht wunderschön«, murmelt Carter ehrfürchtig. Gleich wird er die Mumie selbst sehen.
Doch darauf muss er leider noch ein ganzes Jahr warten. Der Streit zwischen den Entdeckern und der ägyptischen Regierung eskaliert. Die Grabstätte wird geschlossen. 1925 entscheidet die Regierung Folgendes: Der Fund wird nicht wie üblich mit dem Finder geteilt, sondern bleibt vollständig in Ägypten. Carnarvons Familie bekommt eine Entschädigung. Erst dann erhält Carter die Erlaubnis, mit seiner Arbeit fortzufahren.
Als er 1925 zur Grabstätte zurückkehrt, macht er sich sofort an die Öffnung des Sarges. Zu Carters großem Erstaunen stößt er immer wieder auf einen neuen Sarg: zuerst auf einen zweiten, noch prächtigeren Sarg aus vergoldetem Holz, der mit einer Schicht aus buntem Glas überzogen ist. Dann auf einen dritten aus massivem Gold. Carter und seine Helfer sperren Mund und Augen auf. Darin liegt sie dann endlich: die Mumie. Verblüfft betrachten sie die Totenmaske aus Gold und Lapislazuli, die den Kopf des Königs bedeckt. Als sie die Binden der Mumie lösen, entdeckt Carter den wunderschönen Schmuck, den der junge König trägt. Doch noch immer ist er nicht am Ende angelangt.

Noch sieben Jahre lang dauert es, bis alle Gegenstände aus der Grabstätte entfernt sind.

DAS TAL DER

Das Tal der Könige ist der Friedhof der Pharaonen des Neuen Reiches (1550 – 1070 v. Chr.) Es liegt im Westen Thebens, der religiösen Hauptstadt im Süden Ägyptens. Da die Pyramiden nicht zu übersehen sind und deshalb zahlreiche Grabräuber anziehen, bevorzugen die Herrscher dieser Epoche Grabstätten, die in den Felsboden gegraben werden. Diese sind länger haltbar und in der übersichtlichen Region gut zu bewachen.

Reisegepäck für das Jenseits

Die Ägypter glauben an das ewige Leben. Sie glauben, dass sich die Verstorbenen auf eine lange Reise ins Jenseits begeben. Die Wände der Grabstätten im Tal der Könige sind mit Bildern und Schriftzeichen bemalt. Sie beschreiben die Wiederauferstehung des Königs. Dabei wird der Pharao mit dem Sonnengott Re gleichgesetzt, der jede Nacht das Königreich auf einem Boot durchquert. Nachdem er Gefahren und böse Wesen überwunden hat, steigt er jeden Morgen von neuem am Horizont auf. Der Pharao wird auch mit Osiris verglichen, dem Gott der Toten. Im Jenseits erwacht sein einbalsamierter Körper, der in einem Sarkophag und mehreren Holzsärgen liegt, wieder zum Leben – so wie Osiris.

KÖNIGE

Wenige Verzierungen

Tutenchamuns Grab musste schnell fertig gestellt werden. Deshalb ist es weniger reich verziert als andere ägyptische Grabstätten. Nur einer der vier Räume ist mit Wandmalereien ausgestattet. Sie zeigen das Begräbnis des jungen Königs, der von seinem Nachfolger begleitet wird. Außerdem sieht man das Ritual der Öffnung des Mundes. Dadurch soll Tutenchamun auch nach seinem Tod atmen, essen und trinken können. Eine andere Malerei zeigt ein Boot, in dem die aufgehende Sonne von Pavianen umgeben ist.

Wer war Tutenchamun?

Tutenchamun ist und bleibt einer der rätselhaftesten Pharaonen. Howard Carter hat kein einziges historisches Dokument in dem Grab gefunden. Man kennt weder das Geburtsdatum noch den Todestag des Königs. Man weiß nur, dass der Pharao im Alter von neun Jahren den Thron bestieg und mit achtzehn Jahren starb. Er war etwa 1,67 m groß. Tutenchamun ist der Sohn des Amenophis IV., der auch Echnaton genannt wurde (Regentschaft ca. 1351 – 1334 v. Chr.). Tutenchamuns Vater hat die ägyptische Religion radikal verändert. Er verehrte nur einen einzigen Gott, die Sonnenscheibe Aton, und lehnte alle anderen Götter ab. Tutenchamun war mit Anchesenamun, einer Tochter Echnatons, verheiratet. Sie war vermutlich seine Halbschwester. Damals war es in der Königsfamilie üblich, dass Bruder und Schwester heirateten.

EIN ARCHÄOLOGE AUS

Howard Carter wird 1874 in London geboren. Er hat zehn Geschwister und seine Familie ist arm. Deshalb geht er nur wenige Jahre zur Schule. Allerdings erbt er das Zeichentalent seines Vaters, der Maler und Illustrator ist. Mit 17 Jahren wird er als Zeichner für eine archäologische Ausgrabung engagiert. Sie ist in – Ägypten.

Eine steile Karriere

Howard Carter arbeitet mehrere Jahre für ein englisches archäologisches Institut. Gaston Maspero, der französische Leiter der ägyptischen Altertümer-Verwaltung, ist so von seinen Fähigkeiten beeindruckt, dass er ihn zum Chefinspektor für die Altertümer Oberägyptens ernennt. Ein verantwortungsvoller Posten. Carter organisiert viele Ausgrabungen, insbesondere in der Nekropole von Theben. So kommt es, dass er sich eines Tages im Auftrag des amerikanischen Millionärs Theodore Davis ins Tal der Könige begibt.

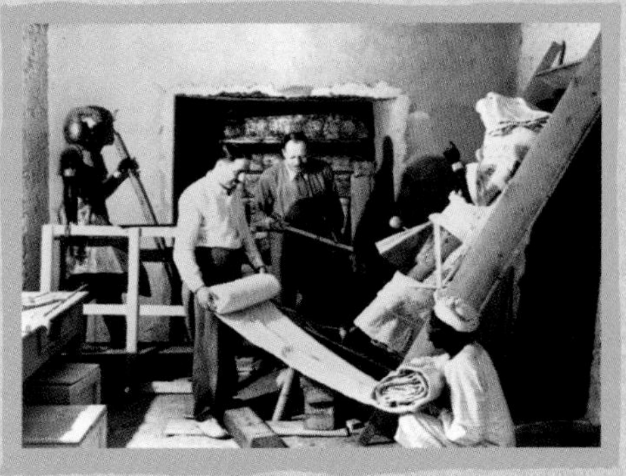

ZEIT

1917
Howard Carter und Lord Carnarvon beginnen ihre erste Ausgrabung im Tal der Könige.

1922
Am 1. November entdeckt Howard Carter die erste Stufe der Grabstätte des Tutenchamun.

1924
Zwischen Howard Carter und der ägyptischen Altertümer-Verwaltung sowie der ägyptischen Regierung kommt es zum Streit. Daraufhin schließen die Behörden die Grabstätte und verbieten Carter, sie zu betreten.

LEIDENSCHAFT

Abruptes Ende

1904 bekommt Howard Carter einen bedeutenderen Posten in Sakkara. Doch schon nach wenigen Monaten tritt er nach einem Streit mit französischen Touristen von seinem Amt zurück. Der Brite beendet seine viel versprechende Karriere als Archäologe. Eine Zeit lang handelt er mit Antiquitäten und verkauft seine selbst gemalten Bilder. Aber sein Traum ist und bleibt die Archäologie.

Eine schicksalhafte Begegnung

1907 kreuzen sich Howard Carters und Lord Carnarvons Wege. Der englische Aristokrat verbringt den Winter regelmäßig in Ägypten und ist ein leidenschaftlicher Hobby-Archäologe. In Theben beginnt er eine Ausgrabung. Doch auf eigene Faust findet er kaum etwas. Man empfiehlt ihm, einen professionellen Archäologen zu engagieren: Es ist Howard Carter.

Die beiden Männer leiten die Ausgrabungen in Theben und stoßen auf mehrere prachtvolle Funde. Doch im Grunde warten sie nur darauf, endlich die Grabungserlaubnis für das Tal der Könige zu bekommen.

T A F E L

1925
Nach der Einigung mit den Behörden kehrt Carter zur Grabstätte zurück. Er öffnet die Särge und findet die Mumie mit der berühmten Totenmaske.

1932
Carter räumt die letzten Fundstücke aus Tutenchamuns Grabstätte. Sie werden in Kairo im Museum ausgestellt. Der Sarkophag und der äußere Sarg bleiben mitsamt der Mumie Tutenchamuns in der Grabstätte. Dort befinden sie sich noch heute.

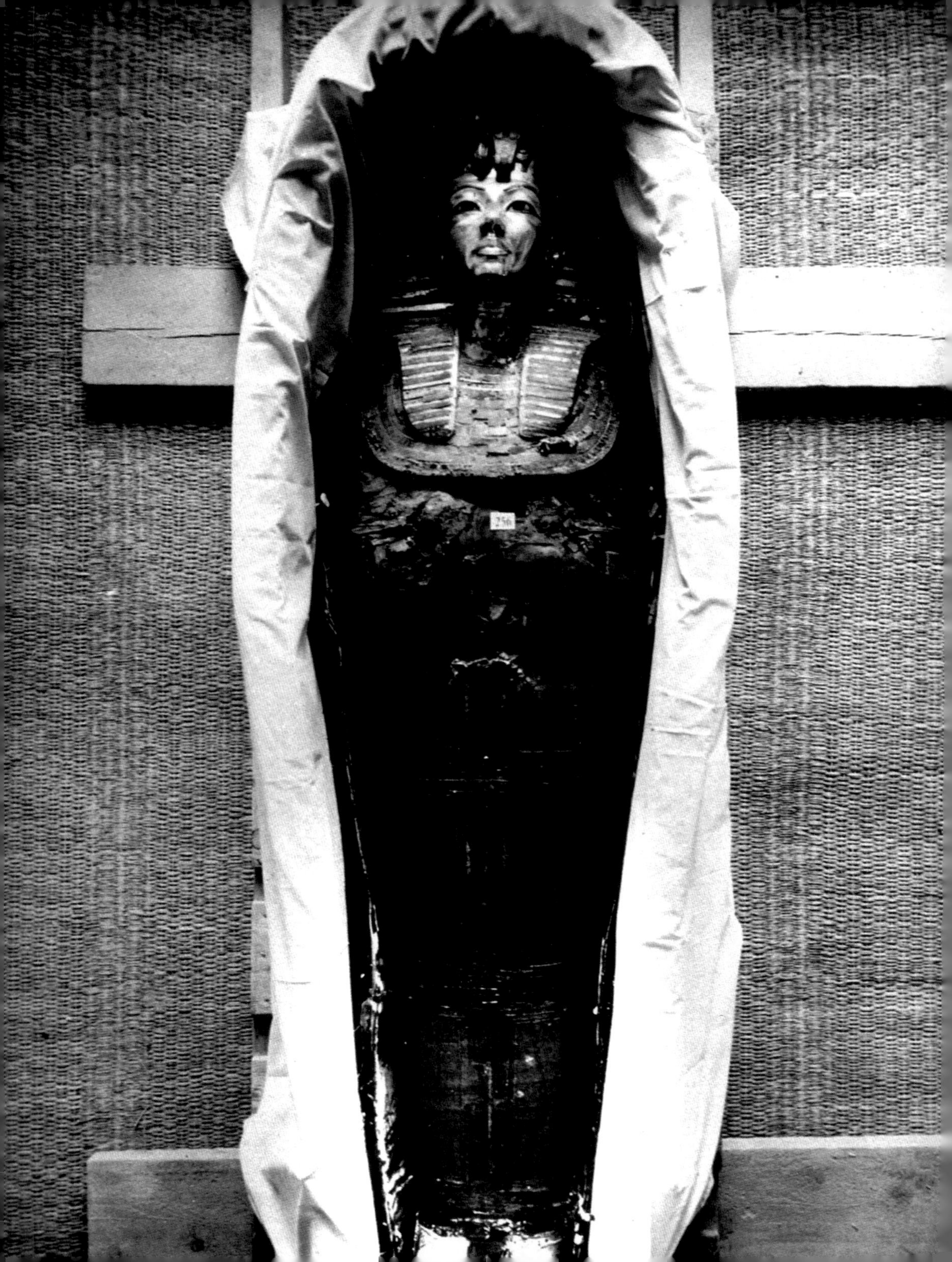
256

WER NOCH MEHR WISSEN WILL ...

KÖNIGSGRÄBER IN TANIS

27. FEBRUAR 1939

In Tanis, im Nordosten Ägyptens, entdeckt der Franzose Pierre Montet einen **Königsfriedhof**. Er befindet sich im Amun-Tempel. Dieser soll ihn schützen und ihm die Gunst der Götter sichern. In den Gräbern befinden sich Pharaonen und ihre Verwandten aus der 20. und 21. Dynastie.

17. MÄRZ 1939

Pierre Montet betritt die unversehrte Grabstätte des bis dahin unbekannten Königs Scheschonq. Der Herrscher regierte für eine kurze Zeit um 890 v. Chr.. Seine Mumie befindet sich in einem silbernen Sarg und trägt seinen Schmuck.

1940 EIN WAHRER SCHATZ

Nach der Entdeckung von der Grabkammer von Prinz Anchefenmut, dem Grabräuber nur einige Schmuckstücke geraubt hatten, findet Pierre Montet die Mumie und den Schatz des Königs **Psusennes I**. (1044 – 994 v. Chr.). Wegen des Zweiten Weltkriegs erhält die spektakuläre Entdeckung nicht die Aufmerksamkeit, die sie verdient hätte.

1941

Bei den Ausgrabungen in Tanis kommt ein vierter Schatz zum Vorschein: der Schatz des Pharao **Amenemope**.

1946 NEUE ENTDECKUNGEN

Das Grab des **Wen-djebau-en-djed**, einem General unter Psusennes I., schließt die Serie der Funde ab. In dem Grab befindet sich der fünfte und letzte Schatz. Er ist ebenso kostbar wie der des Königs. Die Grabstätten von Tanis sind neben denen von **Tutenchamun** die einzigen Königsgräber aus dem Alten Ägypten, die von Grabräubern verschont geblieben sind.

IMMER MEHR ENTDECKUNGEN

1954 SCHIFFFAHRT DURCH DEN HIMMEL

In der Nähe der Pyramide des Königs Cheops in Gizeh entdeckt der ägyptische Archäologe **Kamal el-Mallakh** zwei lang gestreckte unterirdische Kammern. Eine von ihnen enthält ein wunderschönes Schiff aus libanesischem Zedernholz. Es besteht aus 1224 Einzelteilen und ist 43 Meter lang.

1989 EINE CACHETTE IN LUXOR

Bei Grabungsarbeiten am Tempel von Luxor stoßen die Arbeiter auf eine Statue des Pharao **Amenophis III**. Dieses Meisterwerk ist perfekt erhalten und von zwanzig weiteren Statuen umgeben. Die Steinfiguren wurden etwa im dritten Jahrhundert n. Chr. vergraben.

1987 DAS GRAB DES SOHNES VON RAMSES II.

Nach der Entdeckung von Tutenchamuns Grab glaubte man, alle Geheimnisse im **Tal der Könige** seien gelüftet. Von wegen! Als der Amerikaner **Kent Weeks** das Grab Nummer 5 freilegt, stellt er bald fest, dass es sich um die größte Grabstätte des gesamten Tales handelt! Sie enthält über 150 Räume und Gänge und wurde für die Söhne Ramses II., dessen Grab gegenüber liegt, erbaut. Die Arbeiten sind bis heute nicht abgeschlossen und sorgen noch immer für Aufsehen.

1997 TUTENCHAMUNS AMME

Seit 1987 machte der französische Archäologe Alain Zivie zahlreiche Entdeckungen in den Felsen von Sakkara. Er fand mehrere Gräber des Neuen Reiches. Unter anderem auch die Grabstätte eines bis dahin unbekannten Wesirs. 1997 entdeckt er das Grab von **Maia**, der Amme des Pharao Tutenchamun. Ein Relief zeigt sie mit dem König auf den Knien.

ARCHÄOLOGEN UNTER DEM MEER

1994 DER GROSSE LEUCHTTURM

Im grossen Hafen von Alexandria beginnen Unterwasser Grabungen. Die Stadt wurde 331 331 v. Chr. von Alexander dem Großen gegründet. Unter der Leitung von **Jean-Yves Empereur** finden die Taucher über dreitausend Steinblöcke. Einige davon stammen vermutlich vom berühmten Leuchtturm Alexandrias – eines der sieben Weltwunder aus der Antike.

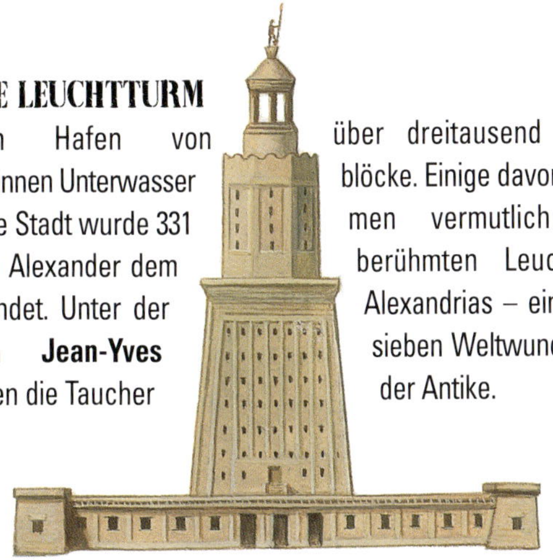

1995 ALLES UNTER WASSER!

Mit riesigen Luftballons befördern die Archäologen Fragmente gewaltiger Statuen, eine Sphinx und einen Obelisken an die Wasseroberfläche.

2000 UNTERWASSERSTADT

In der Bucht von Abukir findet ein Team des Europäischen Instituts für Unterwasser-Archäologie unter der Leitung von **Franck Goddio** die versunkene Stadt **Heraklion**. Die Stadt war Ägyptens Eingangshafen, ehe Alexandria gegründet wurde. Ihre Gebäude liegen heute unter Wasser.

2001 KLEOPATRAS STADT

Franck Goddio erforscht mit seinem Team den großen Hafen von Alexandria. Mithilfe modernster wissenschaftlicher Instrumente erstellt er eine detaillierte Karte. Darauf sieht man zum ersten Mal den Verlauf der alten Küstenlinie. Und auch einen Teil des alten griechischen Palastviertels, in dem **Königin Kleopatra** gewohnt hat.